ÉLOGE FUNÈBRE

DU

DOCTEUR DAVAT

Prononcé sur sa tombe

LE 9 FÉVRIER 1891

PAR LE DOCTEUR BRACHET

AIX-LES-BAINS

TYPOGRAPHIE ET LITHOGRAPHIE GÉRENTE

1891

ÉLOGE FUNÈBRE

DU

DOCTEUR DAVAT

Prononcé sur sa tombe

LE 9 FÉVRIER 1891

PAR LE DOCTEUR BRACHET

—~~~~~~~—

AIX-LES-BAINS

TYPOGRAPHIE ET LITHOGRAPHIE GÉRENTE

1891

Au nom de la Municipalité d'Aix ;

Au nom de l'Association médicale du département ;

Au nom de l'amitié et de l'estime confraternelles ; je viens dire devant cette tombe ouverte, le dernier adieu à l'homme de bien, à l'esprit ingénieux, au cœur ardent et généreux, qui ont fait de Davat une des gloires de notre chère Savoie.

Cette foule immense qui est venue jusqu'ici, nous montre assez que nous sommes dans un deuil public ; deuil si mérité par celui qui, pendant plus d'un

demi-siècle, a su inspirer l'affection et
la reconnaissance de tous les habitants
de nos contrées, depuis notre ville jusqu'aux cabanes les plus éloignées et les
plus pauvres de nos montagnes.

Gaspard Davat naquit en 1807, d'une
honorable famille de notre ville.

La destinée lui donna l'aide le plus
puissant pour réussir dans le domaine
scientifique : celui d'une vaste intelligence, d'une mémoire sans pareille,
d'un esprit d'observation constante et
surtout d'une volonté de fer.

Mens magna in corpore parvo.

Davat était né médecin comme on
naît artiste; il le sentait — il le savait.
— Avec un travail opiniâtre et après
les grandes épreuves du concours, il
arrivait à l'internat dans les hôpitaux
de Paris.

En 1832, il revenait à Aix riche de
son diplôme.

Dès la première heure, il rencontra les

difficultés de notre profession. Notre station thermale était loin d'être ce qu'elle est devenue depuis lors.

Trouvant l'arène trop étroite pour son besoin de travail, pour sa soif de nobles ambitions, il se décidait à traverser l'Océan, ce qui nécessitait à cette époque une énergie et un courage à toute épreuve.

Ce fut au retour de longs voyages qu'il s'installait, en 1835, à Aix, qu'il ne quitta plus jamais.

Ne limitant pas sa profession à la pratique thermale, il voua un culte à la pratique du médecin de campagne, et s'y dévoua tout entier jusqu'à sa dernière heure. Trouvant toujours du bien à faire chez les paysans riches ou pauvres de nos campagnes, il accourait à leur premier appel.

Aussi habile chirurgien qu'excellent médecin, Davat a rendu des services immenses dans cette contrée où il n'y avait, à son arrivée, ni hospice, ni refuge pour les victimes d'accidents ou de blessures.

Davat, entre toutes les qualités qui constituent un bon médecin et qui assurent le succès, mettait un charme particulier à écouter ses malades, un respect, une condescendance pour les plus petits détails. L'esprit tendu devant les circonstances les plus minuscules, il suivait toujours le précepte de Plutarque : « *bien écouter la plainte, c'est souvent* « *la guérir ou du moins la soulager.* »

Son œil vif et perçant sondait les pensées les plus intimes comme les profondes douleurs, et bien vite il établissait avec succès les diagnostics les plus difficiles. Méprisant les théories toutes faites et routinières de la thérapeutique, en chercheur infatigable, il expérimentait les nouvelles médications, passant tour à tour de la médecine des simples, aux granules dosimitriques, ou aux médications classiques, suivant les indications basées sur sa vaste expérience. Tout dévoué à ses malades, il exigeait en retour une confiance absolue, il ne leur permettait pas d'hésiter devant un de ses avis. N'était-ce pas là, un grand facteur de sa supériorité comme guérisseur.

Davat sera un des derniers types du vieux Savoyard, parlant le dialecte de nos campagnes, tutoyant tout le monde, comme il aimait tout le monde, comme il était toujours prêt à rendre service à tous. Il ne semblait pas se douter lui-même du bien qu'il faisait en se mettant ainsi, avec ses malades, sur ce pied d'égalité de langage.

Hautement convaincu de la noblesse de sa profession, notre confrère voulait qu'on la respectât en tout, et il n'aimait pas voir ses malades, et surtout les pauvres, sortir de chez lui pour aller frapper à d'autres portes. Mais il acceptait avec joie les consultations franches et loyales et y arrivait toujours avec bienveillance et courtoisie pour son confrère.

Esclave du devoir. Davat n'a jamais manqué une visite à l'hôpital, pour lequel il aurait volontiers négligé sa brillante clientèle étrangère.

De l'hôpital, il passait aux malades du pays. Ils l'ont remercié par une popularité sans égale, qui a résisté à tous les événements qui ont agité notre pays depuis quarante ans.

L'ancien interne des hôpitaux de la grande ville trouvait encore le temps de se faire admettre comme membre correspondant de la Société de chirurgie de Paris. Il publiait très fréquemment ses observations dans la *Gazette des hôpitaux*.

Nous avons de lui une série d'études des plus intéressantes (1).

---

(1) 1833. — Archives de médecine : *De l'oblitération des veines.*

1834-36. — *De la cure radicale des varices.*

1840. — Union médicale : *Nouveau*

Cet infatigable travailleur était fort érudit en géologie, en archéologie, en histoire, en agriculture, en sciences économiques, etc.

L'homme était aussi charmeur que le savant; on aimait sa société, son esprit fin, parfois satyrique, même caustique, mais toujours affable et courtois.

Une si vaste intelligence, une si riche capacité de travail, tant de services rendus, devaient appeler sur le nom de Davat les suffrages de nos concitoyens à chaque élection. C'est ainsi que, pendant plus de trente années, il fut tour à tour syndic, maire de la ville, conseiller général, président du Cercle, président de l'hospice et de toutes les sociétés philantropiques de

---

mode de traitement des fractures de la clavicule.

1841. — Congrès scientifique de Lyon : *Du goitre et de ses causes.*

1842. — Gazette des hôpitaux : *Plaies d'armes à feu.*

notre ville. Le concours qu'il a apporté
à la prospérité d'Aix ne saurait être
oublié d'aucun. C'est à son activité
comme maire, à ses démarches inces-
santes auprès du Gouvernement, que
nous devons la création du Parc, de
l'Hôtel-de-Ville, de nombreux travaux

1843. — Société géologique : *Lignites
du bassin d'Aix*.

1850. — Gazette médicale de Paris :
*Nouveau mode de traitement de l'hy-
drocèle*.

1854 — *Compte rendu des Eaux ther-
males*.

1855. — Gazette des hôpitaux : *Lettres
à M. François sur les sources thermé-
les d'Aix*.

1855. — Société de chirurgie : *Des
eaux d'Aix dans les maladies osseuses*.

1857. — Annales d'hygiène et de chirurgie légale : *Blessures graves du dia-
phragme*.

1860. — Une brochure in-8° publiée à
Chambéry, sous le titre de : *La Savoie
indépendante. Solution de la question
savoisienne*.

1860. — Actualité de ce moment-là :
France, Piémont, Savoie.

d'élargissements de rues, la rue du Casino, l'organisation de la Société du gaz, qu'il présidait encore il y a quelques jours, et enfin tant de services connus et ignorés qui ont rempli sa longue carrière.

Le Gouvernement sarde et le Gouver-

1862. — Fascicule 2 p. in-4°, imp. chez Donnaud, intitulé : *Note à l'appui de la candidature de M. le docteur Adolphe Davat à la place d'inspecteur des eaux (Savoie)*.

1863. — Revue du Lyonnais : *Fragment poétique sur l'autonomie savoisienne*.

1862. — *La Savoie* (journal) : *Hygiène d'Aix*.

1865. — Brochure 8 pages, in-8° : *Note sur les questions à l'ordre du jour du Conseil municipal d'Aix*.

1870. — (17 mars) COURRIER DES ALPES : *les Abattoirs d'Aix*.

1878. — Brochure, 28 pages, in-8°, éditée chez Plon, à Paris : ÉTABLISSEMENT THERMAL D'AIX : *Questions d'intérêt public, lettre au ministre*.

1878. — Journal de chirurgie : *Etude sur l'oblitération des varices*.

nement français l'ont successivement récompensé en le nommant chevalier de Saint-Maurice et Lazare et chevalier de la Légion d'honneur.

Pour nous, qui l'avons suivi et accompagné de longues années dans sa carrière administrative. nous pouvons dire que là, comme ailleurs, Davat fit toujours preuve de l'esprit le plus libéral, et que toujours il se préoccupait des intérêts de la classe ouvrière et de la classe pauvre de sa chère ville d'Aix.

Quelle longue et belle existence, Messieurs, quelle vie dominée. jusqu'à la dernière heure, par la sollicitude de la souffrance d'autrui. par le besoin de guérir et de soulager, et cette pitié pour les malheureux, on la retrouve chez l'administrateur à qui notre hospice doit une de ses plus riches fondations.

Après une existence aussi bien remplie, Davat n'est pas mort; il s'est éteint doucement, dans la paix d'une vie future en laquelle il avait le bonheur de croire.

Comme le véritable homme de bien,
il a quitté ce monde entouré des siens,
dans les bras de sa digne compagne, si
dévouée, si courageuse, si charitable,
— elle aussi, si bénie par les pauvres du
pays, — appuyé sur son cher fils, qui
mérite si bien l'héritage de l'affection
et de la sympathie que nous avions pour
le père.

Au nom des Médecins de la Savoie,

Au nom du Conseil municipal d'Aix,

Au nom des Pauvres, qui ont si souvent béni votre nom, cher confrère.

Je vous dis : Adieu !